사람을 귀하게 여기면
사람은 가장 귀한 선물입니다.

김대중

조정민(@ChungMinCho)의 twitter 잠언록

사람이 선물이다

조정민
지음

두란노

프롤로그
Prologue

140자
희망 광장에서

사람 때문에 울고 사람 때문에 웃는다.
때로 사람이 가장 밉고 사람이 가장 사랑스럽다.
때로 사람이 가장 힘들고 사람이 가장 보람되다.
그래서 사람에게는 사람 인(人) 자에
사이 간(間) 자가 더해졌을 것이다.
사람이 사람과 더불어 살아가기에 사람은 사람다워진다.
곧 인간이 된다.
그러니 이웃 없이 어떻게 인간이 될 수 있나?

일생을 돌아보면 인간의 기억은 온통 사람이다.
그 중에 가장 강렬한 기억은 빛처럼 다가온 사람이다.
그 때문에 인생의 길이 달라졌고, 품성이 바뀌었고,
삶의 흔적이 새로워졌다.
그렇게 놀라운 선물이 어디 있나?
그렇다. 인생의 가장 큰 선물은 재물이 아니다.
사람이다. 사람이 선물이다.
사람이 가장 귀한 선물이다.

사람을 귀하게 여기면, 사람은 가장 귀한 선물이다.
사람의 가치를 알면 그 인생은 비로소 가치 있는 인생이다.
이런저런 책을 펴내면서 다시 이 책을 손에 들었다.
그리고 다시 한번 깊은 사랑을 담아 메시지를 전하고 싶다.
사람이 선물이라고… 사람을 부디 귀하게 여기라고….

특히 젊은이들에게 전하고 싶다.
내가 꿈꾸는 것들이 있다.
그러나 어떤 꿈도 나 혼자 이룰 수 있는 것은 없다.
누군가와 함께 누군가의 도움으로 이룰 수 있을 뿐이다.

내가 원하는 것들이 소중할수록 그것들은
사람을 통해서만 이루어진다.
그래서 마음에 새기기를 바란다.

사람이 선물이다.

그리고 나도 누군가에게 선물이 될 때
비로소 나도 그도 행복하다.

2025. 10. 28
조정민

차례
contents

Prologue ···4

01. 행복은 가난한 마음이다 ···11
감사, 웃음, 겸손, 나눔, 칭찬, 쉼

02. 인생은 성숙이다 ···33
사람, 선택, 교훈, 우선순위

03. 영혼은 성소(聖所)이다 ···65
말, 생각, 인격

04. 믿음은 평안이다 ···89
예수, 기도, 십자가, 우상

05. 지혜는 나를 보는 거울이다 ···103
진리, 성찰, 내려놓음, 반성

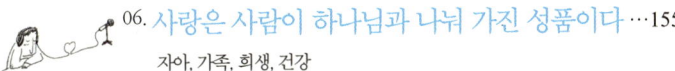
06. 사랑은 사람이 하나님과 나눠 가진 성품이다 …155
　　　자아, 가족, 희생, 건강

07. 관계는 수용이다 …179
　　　리더십, 공동체, 오해, 충고

08. 고난은 용기의 출발점이다 …211
　　　고난

09. 돈보다 사람이 크다 …223
　　　돈, 교만, 권위

10. 비전은 생명이다 …237
　　　꿈, 열정, 소명, 습관, 승패

01

행복은
가난한 마음이다

Happiness

감사, 웃음, 겸손, 나눔, 칭찬, 쉼

내가 행복한 사람은 남을 불행하게 만들려고 애쓰지 않습니다.
내가 불행한 사람은 남을 행복하게 할 능력이 없습니다.

2

돈이 없어서 행복하지 않습니다.
그러나 돈 있다고 행복하지 않습니다.
병들어서 행복하지 않습니다.
그러나 건강하다고 행복하지 않습니다.
무명이어서 행복하지 않습니다.
그러나 유명하다고 행복하지 않습니다.
행복은… 조건이 아닙니다.

3

행복을 묵상한다고 행복하지 않습니다.
행복을 말한다고 행복하지 않습니다.
행복을 가르친다고 행복하지 않습니다.
내가 행복한 것은… 내가 사랑하는 사람이 행복해서입니다.

온 국민을 행복하게 하는 데 축구공보다 나은 것은 없나요?

5

더 이상 못 참겠다.
그 고비를 넘겨야 합니다.
더 이상 못 견디겠다.
그 문턱을 넘어야 합니다.
더 이상 못 살겠다.
그래도 그 순간을 버텨야 합니다.
행복은 언제나…
그 너머에 있습니다.

우리는 땅이 흔들리지 않는 것을 감사하지 않았습니다.
바닷물이 넘치지 않는 것을 감사하지 않았습니다.
따뜻한 햇살과 숨쉬는 공기를 감사하지 않았습니다.
눈을 뜨고 보니…
어떤 것도 당연한 것은 없었습니다.

감사는 감사를 부르고 감사를 낳습니다.
원망은 원망을 부르고 원망을 낳습니다.
감사할 일도 원망하는 이가 있고
원망할 일도 감사하는 이가 있습니다.
감사도 원망도 내가 선택합니다.

8
감사가 넘치면…
죽음의 형장을 걸으면서도 시를 읊습니다.
불만이 가득하면…
홍수 속에 가까스로 구조되고도
구조대 늦었다고 욕합니다.
아! 감사를 잃은 인생의 가난함이란…

9
하루 종일 진심으로 감사하고 축복하고 사랑하면 반드시 바뀝니다.
내가 바뀌든지 아니면 그 사람이 바뀌든지…

눈꺼풀은 일 년에 550만 번을 깜빡입니다. 심장은 일 년에 320만 리터를 뿜어냅니다. 발은 일생 지구를 세 바퀴 돕니다. 평생 같은 일을 반복하면서 한 번도 불평하지 않으니…
감사할 뿐입니다.

11

제 지병은 심장병입니다. 그래서 때로 숨쉬는 순간순간 감사하고, 쉬지 않고 뛰는 심장에 감사합니다. 들숨이 날숨 되지 않는 순간이 죽음이고 심장 멎는 순간이 이별 아닙니까.

12

잔잔한 미소건 너털웃음이건…
모든 웃음은 탁월한 치유제입니다.

13

웃는 것만으로도 세상 살 자격 있습니다. 웃음을 보는 것만으로도 삶의 의미는 족합니다. 갓난아기는 웃기만 해도 온 가족이 기쁩니다. 힘들어도 그냥… 웃어보세요.^^

14

눈물이 없는 웃음은 천박합니다. 사색이 없는 단순함은 가볍습니다. 기도가 없는 조언은 무력합니다.

15

겸손은 나보다 남을 낫게 여기는 마음입니다. 어렵지요. 나처럼 여기는 것도 쉽지 않은데… 더구나 억지로 겸손하면 위선이 되고, 하다가 그만두면 교만이 되니… 겸손은 나를 거름으로 묻어야 피는 꽃입니다.

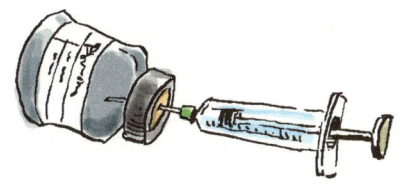

16

내 상처가 나으면 나는 이제 백신입니다. 나와 같은 아픔을 겪고 있는 사람들에게 나는 특효약입니다. 주위를 살피면… 오직 나만이 힘이 되어줄 수 있는 사람이 있습니다.

17

부족해도 주는 것은 돕는 일이고, 남아서 주는 것은 재고 정리입니다. 주고 잊어버리면 남을 도운 것이고, 기억하면 나를 도운 것입니다. 그러나 어떻게 주건… 주는 것이 받는 것보다 낫습니다.

18

인생의 가장 큰 신비는… 남의 문제 해결을 돕다가 어느새 내 문제가 덤으로 해결되는 것입니다. 인생의 가장 큰 복은… 남의 필요를 채우는 사이 슬그머니 내 필요가 덤으로 채워지는 것입니다.

19

조금 더 갖는 것이 목적이라면… 부자나 거지나 차이가 없습니다. 족함을 알고 누린다면… 부요와 가난, 어디에 처해도 차이가 없습니다.

20

가진 것을 의식하면 부족을 느끼고, 없는 것을 의식하면 불안을 느낍니다. 있건 없건 너무 의식하지 마세요. 평안은 줄어든 소유의식, 작아진 자의식입니다.

21

다른 사람 배려하면 그 향기의 잔향이 내 몸에 배입니다. 배려요? 남을 나처럼 여기는 마음입니다. 향긋한 하루 되세요.

22

사랑은 부스러기라도 좋습니다.
은혜는 작은 조각이라도 좋습니다.
배려는 고사리손 한 줌이라도 좋습니다.
아무리 작아도…
나눔이 기적의 씨앗입니다.

23

초(超)상식은 나를 비난하는 사람 칭찬합니다.
나를 속이는데 믿어줍니다.
나를 이용하는데도 멀리하지 않습니다.
세상은 상식으로 유지되고 초(超)상식으로 뒤집힙니다.

24

정글을 빠져나갈 때
가끔 큰 나무 위에 올라가 방향을 점검합니다.
쉼은 그런 점검의 시간입니다.
그래서 당신이 쉼을 지키는 것이 아니라
쉼이 당신을 지킵니다.

25

쉼은 멈춤이고,
쉼은 내려놓음이며,
쉼은 나눔입니다.
기계는 쉬지 않는 것이 능력이고,
사람은 쉴 줄 아는 것이 능력입니다.

26

쉼은 일만큼 중요합니다. 쉼이 있어 일은 새롭습니다. 쉼이 있어 일은 리듬을 탑니다. 무엇보다 나를 지키는 것은… 일이 아니라 쉼입니다.

27

지난 10년 사이에 사람들의 보행 속도가 10% 빨라졌습니다. 다들 그렇게 빨리 어디를 향해 가고 있습니까? 혹시 시계 때문에 우리 모두 시간을 잃어버린 것은 아닐까요?

28

산사에 앉아 있어도 분주함이 있고 저자 거리에 서있어도 고요함이 있습니다. 바퀴살이 쉴 새 없어도 바퀴 중심은 고요합니다. 분주한 일상이지만 내면에 그 고요함이 흐르기를….

02

인생은
성숙이다

Life

사람, 선택, 교훈, 우선순위

29

내 인생이 끝자락에 왔다는 느낌은…
내 인생이 거듭나야 한다는 사인(sign)입니다.

30

구름은 무거워지면 비가 되고, 사람은 무거워지면 짐이 됩니다.
구름이 부딪치면 벼락이 치고, 인생이 부딪치면 재앙이 닥칩니다.

31

내가 하기 쉬운 일만 골라서 하고
보람 있는 인생을 산 사람은 없습니다.
내가 하기 힘든 일에 도전하지 않고
의미 있는 인생을 산 사람은 없습니다.

32

인생의 가치는 더 많은 소유가 아니라 더 깊은 인격입니다.
인생의 진정한 목적은 무한한 성장이 아니라 끝없는 성숙입니다.
인생의 참된 아름다움은 성공이 아니라 성품입니다.

33

인생을 한 단어로 정리해 봅니다.
아담은 흙,
하와는 헬퍼,
가인은 살인,
노아는 은혜,
아브라함은 믿음,
이삭은 웃음,
야곱은 궁리,
요셉은 형통…
지금까지 당신의 삶을 돌이켜보면 어떤 단어가 떠오르세요?
저는 회심을 떠올립니다.

34

하루하루가 힘들다면 지금 높은 곳을 오르고 있기 때문입니다. 편안하고 쉬운 매일매일이라면 골짜기로 향한 걸음입니다. 때로 평지를 만나지만 평지를 오래 걷는 인생은 없습니다.

35

술친구는 늘 '한잔 하자'고 부릅니다. 도박 친구는 틈만 나면 '한판 벌이자'고 부릅니다. 감옥 친구는 출옥해서도 '한탕 하자'고 부릅니다. 덧없는 친구 따라가다⋯ 내 인생 덧없이 흘러갑니다.

36

내 얼굴을 들여다보는 만큼 내 영혼을 들여다보았다면, 내 몸을 돌보는 만큼 내 영혼을 돌보았다면… 내 삶이, 그리고 이 세상이 과연 이럴까.

37

날마다 바른 길을 가리키고 자신은 그른 길로 가는 것보다… 어리석은 인생이 없습니다. 그럴 생각이 아니었는데… 그렇게 되는 것보다 서글픈 인생이 없습니다.

38

포기하지 마세요! 멈추지 마세요! 지금이 동트기 직전입니다. 가장 어두운 시간은 언제나 빛을 잉태하는 시간입니다. 당신 인생 최고의 시간은 아직 오지 않았습니다. 미래는 눈부신 것이어서 다만 안 보일 뿐이라고 하지 않습니까.

39

인생의 궁극적인 목적은 하납니다. 사람 살리는 일입니다. 모든 직업의 진정한 목적도 하납니다. 사람 살리는 일입니다. 참신앙의 목적도 하납니다. 사람 살리는 일입니다.

40

생각은 현실의 씨앗입니다. 절망은 희망의 뿌리입니다. 실패는 기회의 줄기입니다. 한계는 비전의 잎입니다. 끝까지 인내하면 꽃을 피웁니다. 그런데… 그 꽃마저 져야 열매를 얻습니다. 인생의 목적은 열매 맺는 삶입니다.

41

잘 시작하는 것은 중요합니다. 잘 마무리하는 것은 더 중요합니다. '시작이 반'이라고 하지만 끝은 전부입니다. 끝은 늘 시작보다 더 많은 시간과 더 큰 노력을 요구합니다.

"그만하면 됐어", "적당히 해", "별나게 살지 마." 나를 위한 말들이 아닙니다. 그 삶이 내 감동을 앗아갑니다. 그만 해도 누가 무슨 말 하지 않지만 조금 더 할 때 내가 감동합니다. 그래서 내 힘으로 할 수 없는 일에 도전하는 삶이 감동입니다.

43

떠났어도 기억되는 사람은 떠난 것이 아닙니다.
존재만으로 희망이었던 분은
희망의 씨앗이 움틀 때 다시 우리 곁으로 돌아와 함께 숨쉽니다.
씨앗이 흩어진 곳에서는 반드시
생명이 자랍니다.

44

안전한 길도 위험한 사람과 같이 가면 위험하고,
위험한 길도 믿을 수 있는 사람과 함께 가면 안전합니다.
안전하고 위험한 건 언제나… 길보다 사람입니다.

45

"어떻게 그럴 수가 있습니까?"
그럴 수 있습니다.
사람은 그럴 수 있습니다.
너무 몰아세우지 마세요.
어떻게 그럴 수 있느냐고 따지는 사람도
흔히 꼭 같이 그런 일을 저지르니까….

아무 도움이나 청하지 마세요. 아무 손이나 잡지 마세요. 아무 돈이나 받지 마세요. 피와 땀과 눈물이 배어 있지 않은 열매는 독성이 숨어 있어 언젠가 나를 해칩니다.

47

아침에 나갔다가 저녁에 돌아오면 주머니에 있는 것을 모두 꺼내 놓습니다. 세상 살다 떠날 때도 살아서 한 부끄러운 말과 행동을 다 꺼내놓아야 합니다. 미리 꺼내놓아 빈 주머니가 되면 복이 담깁니다.

48

그토록 비난만 하더니 결국 슬그머니 차지한 것이 기득권입니다. 기득권을 누리면 이상하게도 감사가 줄고 불만이 늡니다. 버리면… 비로소 눈의 비늘이 벗겨집니다. 회복은 기득권 포깁니다.

49

다수가 기준이 아닙니다. 다 뇌물 받으면 받는 사람이 기준입니까? 단 한 사람이라도 안 받는 이가 기준입니다. 세상에 온통 죄인뿐이라고 죄를 기준 삼습니까. 비록 드러나지 않아도, 숨어 있어도 의인이 기준입니다.

50

가짜로 속이는 것은 나쁜 일이고, 가짜에 속는 것은 어리석은 일입니다. 나를 속인 사람은 나쁜 사람이고, 속은 나는 어리석은 사람입니다. 속은 것에 화가 나서 진짜를 포기하면… 더 어리석은 사람입니다.

스물에는 세상을 바꾸겠다며 돌을 들었고, 서른에는 아내 바꾸어 놓겠다며 눈초리를 들었고, 마흔에는 아이들 바꾸고 말겠다며 매를 들었고… 쉰에야… 바뀌어야 할 사람이 바로 나임을 깨닫고 들었던 것 다 내려놓았습니다.

52

내려놓아야… 새 일이 시작됩니다. 버려야… 새 것이 주어집니다.
떠나야… 새 길이 열립니다.

53

옳아서가 아니라 좋아서 사랑하고,
틀려서가 아니라 싫어서 미워합니다.
옳아서가 아니라 좋아서 찬성하고,
틀려서가 아니라 싫어서 반대합니다.
태도가 먼저, 논리가 다음인 일이 다반사입니다.

54

매일 늦잠 자는 것은 내가 해결해야 할 문젭니다. 매사에 늑장 부리는 것은 내가 고쳐야 할 문젭니다. 모든 일에 부정적인 것은 내가 변해야 할 문젭니다. 그러나 인생의 바른 방향은 인생을 아는 분에게 물어야 할 문젭니다.

55

아름다운 삶은 얼마나 얻고 무엇을 이루었나가 아니라 얼마나 주고 무엇을 버렸느냐에 달렸습니다.

속도가 빠를수록 방향이 중요합니다. 높이 오를수록 목적이 중요합니다. 깊이 팔수록 출구가 중요합니다. 자칫 과속으로 목숨을 잃고, 높이 올랐다가 끝없이 추락하고, 깊이 팠다가 판 곳에 묻힙니다.

57

어디서 태어날지 선택할 수 없지만 어디서 죽을지 선택할 수 있습니다. 어떤 얼굴로 태어날지 선택할 수 없지만 어떤 얼굴로 죽을지 선택할 수 있습니다. 죽음의 선택이 삶의 선택입니다.

58

꼭 있어야 할 자리에 잠시 있는 것이, 있어도 그만 없어도 그만인 자리에 오래 있는 것보다 낫습니다. 반드시 해야 할 일은 잠시 하더라도, 해도 그만 하지 않아도 그만인 일을 오래 하는 것보다 낫습니다.

59

목표를 잃는 것보다 기준을 잃는 것이 더 큰 위기입니다. 인생의 방황은 목표를 잃었기 때문이 아니라 기준을 잃었기 때문입니다.

60

안 보면 세상을 알 수 없고, 보면 세상을 잘못 알게 되고… 미디어 세상의 딜레마입니다.

61

"무슨 옷이 걸리건 네가 옷이라고 착각하지 마라!"
세탁소 선배 옷걸이가 후배 옷걸이에게 주는 교훈입니다.

62

친절이 땅에 묻히는 법은 없습니다. 원한도 강물에 흘러가버리는 일은 없습니다. 언젠가 돌아 돌아서 다 내게로 돌아올 것이니… 받고 싶은 대로 뿌리세요. 어느 날 내 삶에서 그 열매를 봅니다.

63

사실을 사실대로 인정하면 그만인데… 내가 할 수 있고 내가 할 수 없는 것을 인정하면 그만인데… 단순한 그 사실을 인정하지 못해 우월감과 열등감 사이를 오가다가 이렇게 늙어버렸네….

64

진짜가 없다면 가짜도 없습니다. 가짜가 많은 것은 진짜가 값진 까닭입니다. 온통 가짜투성이인 것은 진짜가 반드시 있기 때문입니다. 시조, 원조… 뭐라 하건 진짜는 하나고 가짜는 모두 그 이름을 주장합니다.

65

이데올로기는 우상처럼 변한 생각입니다. 사람의 생각과 주장은 진리가 아닙니다. 좌도 우도, 진보도 보수도 진리가 아닙니다. 동서남북도 자장 때문이고 좌우도 시각 때문입니다. 진리 아닌 것에 인생 걸지 마세요.

66

한 인디언 마을의 체벌은…
주민들이 모두 한 마디씩
그 사람의 일생 중 가장 좋았던 점을 이야기합니다.
그 얘기를 다 듣고 나면…
'전에 괜찮은 사람이었구나. 희망이 있구나.'
다 회복됩니다. 우리도 할 수 있을까요?
집에서라도….

67

알렉산더 대왕은 말했습니다.
"내가 죽어 이 땅에 묻힐 때는 내 빈손을 관 밖으로 꺼내 사람들이 볼 수 있도록 하시오. 천하를 손에 쥔 자도 죽을 때는 빈손이라는 것을 알려 주고 싶으니까."
우리는 이 세상 떠날 때 아무것도 가지고 가지 못합니다.

68

과거… 미래로 가는 징검돌입니다. 과거… 미래로 못 가도록 묶는 족쇄입니다. 우리는 날마다 과거를 디딤돌로 다듬어 쓰거나 장애물로 만들어 세웁니다.

69

독화살을 맞은 사람이 가장 먼저 할 일은 화살을 뽑는 일입니다. 도대체 누가 쏘았는지, 독은 어떤 성분인지, 범인을 어떻게 잡을 것인지는 다음 아닙니까? 우선순위가 잘못되면 생명을 잃습니다. 당신의 우선순위는 바릅니까?

"일생 뭐가 제일 힘드셨어요?"
제가 존경하는 분의 대답은 뜻밖입니다.
"소유를 줄이는 것이었습니다."
"어떻게 그 소유를 줄이셨어요?"
"욕심보다 필요를 따랐습니다."
이상하게도 내 욕심과 필요의 차이는
나를 지켜보는 남이 더 잘 압니다.

03

영혼은
성소(聖所)이다

Soul

말, 생각, 인격

71

"나이 마흔 넘으면 제 얼굴 제가 책임져야 합니다." 사람 얼굴은 얼의 꼴이기 때문입니다. 얼굴을 찬찬히 들여다보면 영혼의 모습이 떠오릅니다.

72

영혼의 얼굴은 눈물로 적십니다. 영혼의 손발은 애곡으로 씻습니다. 영혼의 몸은 통곡으로 정결해집니다. 눈물이 마르면… 영혼이 메마릅니다. 눈물 없이는… 영혼의 회복도 없습니다.

73

고인 물은 썩습니다. 눈물이 마른 영혼도 그렇게 병듭니다. 흐르는 물은 썩지 않습니다. 눈물이 흐르는 영혼도 부패하지 않습니다. 언제 울어 보셨어요?

74

어떻게 행동할 것인가보다 어떻게 생각할 것인가가 먼저입니다. 세상의 숱한 문제가 잘못 생각한 것을 행동으로 옮긴 결과입니다.

75

지혜로운 사람은… 험담이 들리면 귀를 돌리고 음란이 보이면 눈을 돌리고 거짓이 보이면 마음을 돌립니다. 듣고 보고 분별한 것은 마음에 담기고, 마음에 담긴 것이 영혼을 사로잡습니다.

76

나를 무시하는 사람도 정중하게 대할 수 있는 마음의 여유, 분노가 타오르고 있는 사람의 노를 한줌 삭일 수 있는 마음의 여유, 양보하지 않아도 그만인데 한발 물러서는 마음의 여유, 인격은… 마음의 여유입니다.

"밤이 주는 유익은 홀로 통곡할 자유입니다." 자신을 위해 흘린 슬픈 눈물은 대지를 적십니다. 그러나 타인의 절망이 애통해서, 세상에 강같이 흘러야 할 공의가 안타까워 흘리는 눈물은 하늘의 눈물병에 담깁니다. 눈물은 영혼의 피입니다.

78

먹고 마시는 것이 내 몸을 만들고, 보고 듣는 것이 내 영혼을 빚습니다.

79

음식을 잘못 먹으면 몸이 병듭니다. 지식을 잘못 배우면 정신이 병듭니다. 믿음을 잘못 가지면 영혼이 병듭니다. 병들어도 병든 줄 모르면… 죽음에 이르는 병입니다.

80

마음을 마음대로 버려두는 것이 화근입니다. 마음을 달래고 마음을 꾸짖고 마음을 다잡아서… 마음을 처음 마음먹은 대로 이끌어 가는 것이 뜻을 이루는 길입니다.

81

실상이 보이면 허상에 마음이 흔들리지 않습니다. 진짜를 가지면 가짜를 부러워하지 않습니다. 영원한 것에 눈뜨면 눈앞에 잠시 있다가 사라질 것들에 마음을 빼앗기지 않습니다.

82

마음속에 이뤄진 일이 실제 이뤄지지 않을 수는 있어도… 마음속에 이뤄지지 않은 일이 실제로 이뤄지는 법은 없습니다.

83

무엇보다 내 마음 지키는 일이 먼접니다. 건강보다 가정보다 직장보다 내 마음 지키는 일이 먼접니다. 건강이 상하기 전에, 가정이 허물어지기 전에, 직장을 떠나기 전에… 이미 마음이 상했습니다.

84

이기고 지는 인생과 지고 이기는 인생이 있습니다. 이겼는데도 불안하면 진 것이고, 졌는데도 평안하면 이긴 것입니다. 인생의 성패는 내 마음 다스리는 일입니다.

85

왜 소리가 큽니까? 부딪치는 알갱이 때문입니다. 곱게 빻아져서 가루가 되면 소리 나지 않습니다. 내가 여전히 소란스러운 까닭은 내 안에 아직 부서져야 할 것들이 있기 때문입니다.

86

"괜찮습니다."
"평안합니다."
"기쁩니다."
"행복합니다."
"사랑합니다."
감옥에서 못 듣는 말입니다.
감옥이 아닌데도 이런 말들이 사라졌다면…
세상이 감옥같이 변하는 조짐입니다.

얘기를 들을 때 무슨 말을 하는지 알아듣는 것이 중요합니다. 왜 그 말을 하는지 알아듣는 것은 더 중요합니다. 알아듣고 제때 응답하는 일이 가장 중요합니다.

나를 뒤에서 헐뜯는다고 놀랄 일도, 화낼 일도 아닙니다. 험담은 말과 함께 시작된 것이고, 험담이 그 정도인 것은 나를 잘 몰라서입니다. 나를 속속들이 알았다면 훨씬 더 심하게 얘기했겠지요.

89

말은 생각을 다듬어 행동을 다듬습니다. 말은 의식의 골을 파 무의식의 골을 팝니다. 말은 현재를 조각해 미래를 조각합니다. 말이 바뀌어서 삶이 바뀝니다. 말… 삶을 다루는 조각칼입니다.

90

말 한마디 무심히 내뱉을 일이 아닙니다. 말이 사람을 지나다닌 자리에 남는 흔적이 인격입니다. 내 안에 남아 있는 사람들 말의 흔적, 내 안에 지워지지 않은 내 말의 흔적이 바로 내 인격입니다.

91

말의 힘이 얼마나 큰지 말 한마디에 일어서고 주저앉습니다. 말이 얼마나 대단한지 말 한마디에 결혼하고 이혼합니다. 말이 얼마나 무서운지 말 한마디에 죽고 삽니다. 정말 말 한마디에… 인생이 달렸습니다.

92

"나와 당신, 서로 얼굴 맞대고 나눈 얘기 외에는 어떤 말도 진실이 아닙니다." 사람들의 이간질에 시달리다 못한 전임자가 후임자에게 신신당부한 말입니다. 사람 말… 그 말로 분열하고 그 말로 연합합니다.

93

"감사합니다", "죄송합니다", "괜찮습니다", "사랑합니다." 인생의 기적을 일으키는 가장 쉬운 말입니다. 그러나 안 쓰기로 작정하면 뜻밖에 불편한 말이 됩니다. 일생 쓰지 않으면 일생 기적도 없습니다.

94

말 잘하는 사람은 청산유수가 아니라 "네", "아니오", "감사합니다", "죄송합니다" 네 마디를 필요할 때 적절히 쓸 줄 아는 사람이라는데… 말이 많아 탈이 많은 세상입니다.

95

말이 많아 지혜로운 사람이 드물고, 말이 적어 어리석은 사람이 드뭅니다. 말도… 지나침이 모자람만 못합니다.

96

임종 때 무슨 말 하나요?
'얼마나 많은 일을 했고 얼마나 많은 사람들이 나를 알고 있는가?'
아닙니다.
'왜 그 사람 용서 못했나? 왜 그를 더 사랑하지 못했나?'
눈물 흘립니다.

그런데… 왜 그때 물어야 합니까? 오늘 당장 물으세요.

97

평생 공직생활을 하신 분의 귀띔입니다. "등 뒤에서 제 험담하지 않는 사람이 친구고, 저 없는 데서 제 칭찬한 사람은 생명의 은인입니다." 누군가의 친구나 은인이 돼보세요.

98

기억만큼 고마운 것이 망각입니다. 잘 잊는 사람이 꼭 필요한 기억에 집중합니다. 잊어야 할 일 빨리 잊고 기억해야 할 일 오래 기억하면 삶이 평안합니다. 특히 독한 말은 즉시 지워버리세요.

99

오늘 나를 그곳으로 데리고 가는 생각을 바꾸지 않으면, 그 생각이 내일도 나를 그곳으로 데려갈 것입니다. 내 몸 끌고 다니는 그 생각을 내가 끌고 다니는 것이… 자유입니다.

다수의 생각에 무조건 동의하는 사람, 소수의 생각에 심취하는 사
람, 혼자만의 생각에 골몰하는 사람, 아무 생각 없이 사는 사람…
나는 어떤 사람입니까?

당신의 경력보다 당신의 인격이 훨씬 값집니다. 이력서 한 장의 경력보다는 인격의 향기가 훨씬 오래 기억됩니다.

102

내가 누구와 있건, 어떤 상황에 있건 반응은 내 몫입니다. 내 인격은 그 사람 때문이 아니라 나 때문입니다. 내 인격은 그 환경 때문이 아니라 그렇게 반응하기로 결정한 나 때문입니다.

04

믿음은
평안이다

Faith

예수, 기도, 십자가, 우상

103

"믿으면 설명이 불필요하고
믿지 않으면 설명이 불가능합니다."

_ 아퀴나스

104

"주여! 이 놈이 죄인입니다.
입만 살았다고 떠들고
행위가 죽어버린 한국교회를 만든 장본인입니다.
겉모양은 요란하지만
내면은 죄악이 쌓여있는 한국교회를 깨끗하게 하옵소서!"

_ 옥한흠

105

흘러간 물은 물레방아를 못 돌립니다. 어제의 믿음으로 오늘 못 삽니다. 오늘 새 믿음으로 시작해 보세요!

106

믿어야 할 것을 믿지 않고 평안할 수 없고, 믿지 말아야 할 것을 믿으면서 평안할 수 없습니다. 믿음은 갈등을 대하는 태도를 바꾸고, 갈등을 다루는 능력을 높이는 힘입니다.

107

믿음은 목표를 향하고 있는 자신을 끊임없이 바꾸는 태도이고, 불신은 자신이 향하고 있는 목표를 계속 바꾸는 태도입니다. 그래서… 믿음의 끝은 목적지고, 불신의 끝은 방황입니다.

108

불안하면 미래가 어둡습니다. 걱정하면 미래로 못 갑니다. 염려하면 미래가 닫힙니다. 믿음만이 미래를 열어젖힙니다. 믿음보다 큰 힘은 없습니다. 믿음 없이 행복한 사람도 없습니다.

109

믿음은 있는 것을 보고, 불신은 없는 것을 봅니다. 믿음은 가능성에 눈 뜨고, 불신은 불가능에 주목합니다. 믿음… 가장 큰 인생의 자원이고, 불신… 인생 대부분의 장애물입니다.

110

믿음은 우연 같은 사건 속에서 필연을 보는 관점입니다. 그래서 믿음은 사건을 해석하는 힘입니다. 그 힘이 분노로부터, 상처로부터, 과거로부터 나를 자유하게 합니다. 사슬을 끊어버리고 날아 보세요. 새 날 새 삶입니다.

111

믿었더니 암이 나았습니다. 믿어도 아플 수 있습니다. 믿었더니 큰 돈 생겼습니다. 믿어도 가난할 수 있습니다. 믿었더니 성공했습니다. 믿어도 실패할 수 있습니다. 참 믿음은 그 이상입니다. 병들어도 배고파도 실패해도 평안한 믿음이 있습니다.

112

이성은 과거에서 현재를 보는 창이고 믿음은 미래에서 현재를 보는 창입니다. 그래서 믿음의 삶이 때로 더 고생스럽지만 그 고생과 헌신이 더 나은 세상을 만듭니다. 믿음은 꿈입니다.

113

인생에 계속되는 우연은 필연입니다. 인생에 우연 같은 많은 일들이 사실은 필연입니다. 흔하디흔한 우연 너머 파노라마처럼 펼쳐진 필연… 믿음은 그 필연의 관점입니다.

114

잘 먹고 잘 사는 것이 복이면 예수는 복이 없습니다.
오래 사는 것이 복이면 예수는 참 복이 없습니다.
잘 죽는 것이 복이면 예수는 정말 복이 없습니다.
예수는 세상의 복이 아니라 길이고 진리이며 생명입니다.

115

예수는 제자를 불렀습니다.
제자가 스승을 찾아가던 시절…
부를 만한 자격이 없는 사람들을 찾아가
"나를 따르라"고 불렀습니다.
멋모르고 따라나섰던 제자들은
그 사랑에 눈뜨고 모두 제 발로 순교의 길을 걸었습니다.

116

기도는… 내 일에 신이 응답하는 것이 아니라, 신이 하는 일에 내가 응답하는 것입니다.

117

십자가는 목걸이가 아닙니다. 십자가는 첨탑이 아닙니다. 십자가는 죽음의 형틀입니다. 내 욕망 하나 못 박지 못하고, 내 성질 하나 죽지 않는 십자가는 정말… 십자가가 아닙니다.

118

내가 하는 일에 신의 도움이 필요한 일이 너무 많아 종교가 이렇게 많아졌고, 신이 하는 일에 나를 던지는 일이 너무 힘들어서 신앙은 이토록 귀해졌습니다.

119

종교는 착하게 살아 마일리지 쌓는 일이고, 신앙은 그 마일리지로는 어림없다는 깨달음입니다. 종교는 내 노력으로 천국 갈 수 있다는 생각이고, 신앙은 이미 와 있는 천국에 들어가겠다는 결정입니다.

120

종교의 바다를 항해 중입니다. 이곳은 불신의 늪만큼 위태로운 곳입니다. 종교 전문가들의 속마음은 사실 돈과 권력입니다. 그러나 그 때문에 믿음을 포기하지 마세요. 종교의 바다와 불신의 늪 샛길, 좁은 길이 생명길입니다. 참 신앙은 생명입니다.

121

나 덕 좀 보겠다고 만든 신은 우상입니다.
내 일에 걸핏하면 끌어들이는 신은 우상입니다.
내 성공에 반드시 있어야 할 신은 정말로… 우상입니다.

05

지혜는
나를 보는 거울이다

Wisdom

진리, 성찰, 내려놓음, 반성

모르는 줄도 모르고 살다가, 안다고 생각하면서 모르고 살다가, 모른다는 것을 겨우 알기 시작하니… 어느덧 석양이구나!

123

모든 여행의 마지막 목적은 귀향입니다. 여행의 마지막 목적지를 잊어버리면… 아무리 좋은 여행도 방황이고 방랑입니다.

124

나쁜 줄 몰라서 못 고치기보다는 나쁘다고 지적받는 것이 못마땅해서 안 고치고, 고치면 더 나빠질까 두려워서 안 고칩니다. 품어서 고쳐야 할 일을 밀쳐서 고치려면 정말 더 나빠집니다.

125

누구나 실수할 수 있습니다. 그러나 누구나 사과하지 않습니다. 실수가 부끄러운 것이 아니라 실수를 인정하지 않는 것이 부끄러운 일인데도….

126

기쁨은 내면의 깊은 곳에서 솟아오르는 신뢰감입니다. 상황과 조건에 흔들리는 것은 기쁨이 아니라 쾌락입니다.

127

대가를 지불하지 않는 편리함이 없고, 욕망을 포기하지 않는 평안함이 없습니다.

128

행동을 바꿔서 마음을 바꿀 수 있다는 것은 착각입니다. 마음은 그 대론데 행동만 바꾼 것은 사람을 속이는 일입니다. 속은 겉을 바꾸어도 겉은 속을 못 바꿉니다.

129

재미있으나 의미 없는 인생은 후회에 시달리고, 의미 있으나 재미 없는 인생은 유혹에 시달리고, 재미있고 의미 있는 인생은 성공에 시달립니다. 삶은 어떻게든… 시달립니다.

130

자랑은 남의 입을 통하면 겸손이고, 내 입을 통하면 교만입니다. 나를 좋아하는 사람은 자랑해봐야 군더더기고 나를 싫어하는 사람은 자랑할수록 더 싫어하니, 자랑… 정말 도움이 안 됩니다.

131

지식은 내가 갖지 않은 것을 갈망하게 하고, 지혜는 내 안에 이미 있는 것에 눈뜨게 합니다. 지식은 나와 다른 내가 되기 위한 목마름을 주고, 지혜는 이 모습 이대로 나를 수용하는 평안함을 줍니다.

132

차선은 최선의 적이고, 기득권은 도전의 적이며, 탐욕은 순리의 적입니다. 적이 적인 줄 모르면… 적을 친구 삼습니다.

133

인생의 섭리는 역설입니다. 나누었는데 늡니다. 주었는데 받습니다. 버렸는데 얻습니다. 내려갔는데 높아집니다. 죽었는데 삽니다. 역설은 상식에 반하는 것이 아니라 상식을 뛰어넘습니다.

134

나눈 것을 기억하면 선행이고, 나눈 것을 잊으면 거룩입니다. 선행은 내 것을 나눈 것이고, 거룩은 하나님의 것을 되돌린 것입니다. 선행은 인간의 기준이고, 거룩은 하나님의 기준입니다.

135

거품은 꺼지고 나서야 거품인 줄 압니다. 꿈은 깨고 나서야 꿈인 줄 압니다. 소중한 것은 잃고 나서야 소중한 줄 압니다. 미리 안다면… 지혜로운 사람입니다.

136

돈, 성, 힘… 축복의 통로이자 타락의 통로입니다. 돈, 성, 힘… 지나침은 모자람보다 훨씬 추합니다.

137

남을 비난하는 사람이 행복한 법은 없습니다. 비난은 남을 넘어뜨리기 전에 나를 먼저 넘어뜨립니다.

138

학이 다리를 접고 천 년을 묵상해도 물고기 한 마리가 전부이고, 사자가 평원을 가로질러 질풍노도처럼 달려도 얼룩말 한 마리 쫓는 일이 전부입니다.

139

변명하는 사람이 성공하는 법은 없습니다. 변명은 실패를 만회할 수 있는 시간을 실패를 확정하는 데 쓰기 때문입니다.

140

갖고도 나누지 못하면 가난한 것입니다. 알고도 행하지 않으면 모르는 것입니다. 바쁜데 열매가 없다면 게으른 것입니다.

141

다툼은 언제나 주도권 싸움입니다. 갈등은 결국 누가 더 큰가를 따져서입니다. 투쟁은 늘 더 많은 몫 때문입니다. 그러니…이겼다고 옳은 것도 아니고 졌다고 틀린 것도 아닙니다.

142

다투는 가장 쉬운 방법은 나는 옳고 너는 틀렸다고 주장하는 것입니다. 헤어지는 가장 쉬운 방법은 나는 절대 옳고 너는 절대 틀렸다고 끝까지 주장하는 것입니다. 절대로… 절대 옳은 사람은 없습니다.

143

나는 반대할 수 있는 자유가 좋습니다. 생각을 편하게 말할 수 있는 자유가 참 좋습니다. 마음대로 선택할 수 있는 자유가 정말 좋습니다. 그러나 책임 없는 자유는 자유가 아니라 방종입니다.

144

숫돌이 쇠를 갈아 날카롭게 하고, 단순한 가르침이 탁월한 지도자를 만들고, 어리석어 보이는 순수함이 깊은 지혜를 낳습니다. 내가 낮아지고 내가 배우고자 하고 내가 변하고자 하면… 그럴 수 있습니다.

145

비난은 양날의 칼입니다. 나를 먼저 베지 않고 남을 벨 수 없는 칼입니다. 내가 피를 흘리지 않고 남의 피를 흘릴 수 없는데… 할 수만 있다면 비난을 피하는 것이 서로에게 유익입니다.

146

인간이 바꿀 수 없는 것은 없습니다. 과거… 해석에 따라 바뀝니다. 미래… 결정에 따라 바뀝니다. 현재… 지금 행동하기에 따라 바뀝니다. 바꾸지 않기로 고집하면… 안 바뀝니다.

147

안 볼 수 없게 만드는 것은 안 보는 것이 낫습니다. 안 먹을 수 없게 만드는 것은 안 먹는 편이 좋습니다. 생명을 앗아가는 중독은 손대지 않는 것이 최선입니다. 그러나 끝을 모르니… 불나방은 불만 보면 달려듭니다.

148

사람을 믿고 사람을 의지하다 배신당하지 않은 사람이 없습니다. 배신한 사람 잘못이 아니라 믿은 것이 잘못입니다. 사람은 결코 믿을 대상이 아니라 그냥… 사랑하고 배려해야 할 대상이기 때문입니다.

149

길은 없다가 어느 날 생긴 것입니다. 길은 누군가의 마음속에 먼저 자리 잡았다가 어느 날 눈앞에 드러난 것입니다. 길은… 혼돈 속에서 질서를 찾은 사람들이 만든 것입니다.

150

이기적이고 자기중심적일수록 쉽게 분노합니다. 세상이 내 뜻대로 움직이지 않으니까…. 그러나 세상이 나 중심으로 움직이면 세상이 못 견딥니다. 세상이 버티는 힘은 내 분노가 아니라 손해와 희생, 용서와 사랑입니다.

151

생명은… 마음에서 납니다. 죽음도… 마음에서 자랍니다. 사랑하는 마음을 가꾸면 생명의 꽃을 피우고, 미워하는 마음을 붙들면 죽음의 가시가 돋습니다.

152

그런 말을 듣고 싶다면 먼저 그렇게 말하면 됩니다. 그런 얼굴을 보고 싶다면 먼저 그런 표정을 지으면 됩니다. 그런 대접을 받고 싶다면 먼저 남을 그렇게 대접하면 됩니다. 세상은… 거울입니다.

153

나이 먹는다고 어른 되지 않습니다. 많이 안다고 어른 되지 않습니다. 성공한다고 어른 되지 않습니다. 어른 되는 길은 오직 한길… 어린 버릇, 미숙한 삶을 버려야 합니다.

154

꿈, 믿음, 희망, 사랑… 다 나눌수록 커지는 기적의 씨앗들입니다. 꿈은 꿈을 부르고 믿음은 믿음을 더하고 희망은 희망을 낳으며, 사랑은 많은 허물을 덮습니다.

155

끝을 생각하는 것이 성숙입니다. 끝을 내다보는 것이 지혜입니다. 끝을 아는 것이 믿음입니다. 시작할 때부터 어떻게 끝날 것인가, 어떻게 끝을 낼 것인가… 마음에 담고 살아야 합니다.

156

물고기가 그물과 싸워 이길 수 있습니까? 뒤엉키기만 합니다. 사람이 염려와 싸워 이길 수 있습니까? 힘만 빠집니다. 그물과 염려… 싸울 것이 아니라 잘라야 합니다.

157

생명이 없는 것은 아무리 높여도 스스로 떨어집니다. 생명이 있는 것은 아무리 짓밟혀도 다시 고개를 듭니다.

158

다투면 마음이 무겁고, 싸우면 마음이 묶입니다. 무거우면 멀리 못 가고, 묶이면 풀릴 때까지 힘듭니다. 다 시간 빼앗기는 일들입니다. 웬만하면 웃고… 그 시간을 다른 일에 쓰세요. 그 시간이 보상입니다.

159

비판의 출발은 관심이고 비난의 뿌리는 욕심입니다. 관심이 없으면 비판하지 않고 욕심이 없으면 비난하지 않습니다. 그 일과 그 사람이 내 눈에 띈 것은 관심이고 내 눈 밖에 난 것은 욕심입니다.

160

결혼식 주인공은 신랑, 신부지만… 주례가 없으면 결혼식이 시작되지 않습니다. 결혼식이 끝나면 주례는 사라져야 합니다. 있어야 할 자리와 사라져야 할 자리, 나서야 할 자리와 물러서야 할 자리를 아는 눈치는… 지혜입니다.

161

"변명은 실패라는 집에 쓰는 못이다." 변명이라는 못을 사방으로 박아 허물어지는 집을 붙드느니 못질 대신 새 집 짓는 편이 낫습니다.

162

개미가 꿀단지에 빠지면 못 나옵니다. 쥐가 술독에 빠지면 못 나옵니다. 꿀이 달고 술이 향긋해도… 단지에 빠져서는 안 됩니다. 꿀과 술이 아무리 좋아도 생명과 맞바꾸겠습니까?

163

뻔히 불행이 찾아오는데도 문을 열어 주면… 누구 탓입니까? 만나지 말아야 할 사람 만나고 가지 말아야 할 곳 가면서 애써 그 문 열어젖히면… 누구 잘못입니까? 인생에서 닫아야 할 문 열지 마세요!

164

수증기가 무게를 이기지 못하면 비가 되고, 잘못된 습관이 무게를 이기지 못하면 파탄 납니다. 파멸은 오랜 동안 쌓은 나쁜 버릇의 추락입니다.

165

가짜를 수없이 보면… 진짜를 구별하지 못합니다. 그러나 진짜를 뚫어져라 보고 있으면… 가짜는 한눈에 보입니다. 험한 세상에서 꼭 필요한 분별입니다.

166

인디언 추장 시애틀은 이렇게 한탄했습니다.
"백인은 어머니인 대지와 형제인 하늘을 양이나 목걸이처럼 사고 팔고 빼앗을 수 있는 것으로 대한다. 백인의 식욕은 땅을 삼키고 오직 사막만 남길 것이다."
우리도 혹시 백인입니까?

167

생명을 끝장내는 대신 자존심을 끝장내세요. 실타래처럼 엉킨 문제가 소리 없이 풀리기 시작합니다. 자존심은 다른 사람보다 내가 더 중요하다는 착각과 아집입니다. 자존심은 인생의 무거운 짐입니다.

168

35만 톤 유조선 건조 책임자의 말입니다.
"사람 눈에 이 배가 아무리 크게 보여도
망망대해에 나가면 점 하납니다."
맞습니다.
아무리 큰 일, 큰 사람, 큰 능력도 사람 눈에 비칠 때이고
대자연 앞에선 점입니다. 일과 사람 대단하지 않습니다.

169

한강을 바라보려고 하는 사람은 남산에 등을 돌려야 합니다. 남산을 오르고자 하는 사람은 한강을 떠나야 합니다. 두 마리 토끼 쫓다 두 마리 다 놓친 사람들은 헤아릴 수 없습니다.

170
내가 죽기로 작정한 사람은 아무도 두렵지 않고, 내가 죽은 사람은 아무도 해칠 이유가 없습니다.

171

자신의 약함을 드러낼 수 있는 것은 약해서가 아니라 강해서이고, 자신의 약함을 감추는 것은 강해서가 아니라 약해서입니다.

172

내가 흠 없는 사람이 되고자 하면 남을 속이는 사람이 되기 쉽고, 남의 흠을 품는 사람이 되고자 하면 그토록 애쓰지 않아도 정직한 사람이 됩니다.

173

하는 일마다 짜증이 나면 일 문제가 아니라 내 문젭니다. 만나는 사람마다 거슬리면 사람들 문제가 아니라 내 문젭니다. 원인을 모른 채 날을 세우면… 날만 상합니다.

174

부탁도 하지 않았는데 나를 비난하는 사람은 은인입니다. 월급도 주지 않았는데 나를 감시하는 사람은 은인입니다. 그 사람 때문에 늘 조심하고 깨어 있으니 정말 은인입니다.

175

내가 가진 것은 아무것도 나를 설명하지 않습니다. 내가 살아내지 않은 것은 아무것도 나를 바꾸지 않습니다. 내가 나누지 않은 것은 아무것도 나를 풍요롭게 하지 않습니다.

176

내 일에 성실한 사람은 생활인입니다. 신의 일에 뛰어든 사람은 신앙인입니다. 내 일을 신의 일로 속이는 사람은 종교인입니다. 무슨 일이건… 경계가 없는 사람은 성인입니다.

177

말보다 침묵을 더 신뢰하는 까닭은… 침묵은 말보다 이미 진실에 더 가까이 있기 때문입니다.

178

비굴은 겸손이 아니고 아양은 선의가 아니고 교만은 실력이 아니고 객기는 용기가 아닙니다. 겉이 아무리 그럴 듯해도… 속은 언제든지 드러납니다.

179

나를 과대평가하는 말에 화를 내지 않았다면, 나를 과소평가하는 말에도 화를 내서는 안 됩니다. 내가 사람들의 칭찬에 묶이지 않았다면, 사람들의 비난에도 묶이지 않습니다.

180

항상 내 일이 남의 일보다 큰일이면 보통사람입니다. 때로 남의 일이나 내 일이나 마찬가지면 비범한 사람입니다. 늘 내 일보다 남의 일을 더 크게 여기면… 성인입니다.

181

사람의 성품은 작은 일로 다듬어지고 큰일에 빛을 발합니다. 우리의 성품은 대부분 내가 원치 않는 상황에서 빚어지고 힘든 상황에서 그 모습을 드러냅니다. 성품은… 능력보다 큽니다.

182

나를 힘들게 하는 사람들의 목적은 오직 한 가지입니다. 자신을 인정해달라는 요구이며, 더 관심 가져 달라는 요청이자, 사랑해달라는 갈망입니다.

183

"그 귀걸이 꼭 진짜 같네요", "가짠지 어떻게 아셨어요?" 환하게 웃습니다. "진짜는 은행금고에 둬요. 특별한 날만 달아요." 진짜를 가진 사람은 가짜를 지적해도 화내지 않습니다. 진짜를 지녔기에 웃으며 살아야 할 텐데….

184

부정적인 것 한 가지가 눈에 띄면 긍정적인 것 세 가지를 찾으세요. 불편한 사람도 괜찮아 보이고, 힘들게 하는 아내나 남편도 훌륭해 보이고, 속 썩이는 자녀도 사랑스러워 보입니다. 무엇보다 절망 속에서도 희망을 봅니다.

185

보는 것에 속지 말고 듣는 것에 속지 말고 사람 말에 속지 마세요. 내 혀도 나를 속이고 내 생각도 나를 속입니다. 심지어 내 눈물에도 내가 속습니다. 내가 내게 속는 줄은… 꿈에도 모릅니다.

186

무슨 일을 하건 가장 필요한 준비는 태도이고, 무슨 일을 맡기건 마지막 살펴야 할 준비는 인격입니다.

187

한 일본 기업인이 계속 의심하고 따지는 한국 기업인에게 긴 침묵 끝에 말했습니다. "저는 일본 사람입니다." 우리도 세상 어디서나 당당하게 말할 수 있어야 합니다. "저는 한국 사람입니다."

188

익숙한 것과 친한 것은 다릅니다. 익숙한 것과 아는 것은 더욱 다릅니다. 익숙한 것과 옳은 것은 절대로 다릅니다. 익숙한 것에 스스로 속고 있지는 않으세요?

189

"비판한다. 고로 나는 존재한다." 혼자 그렇게 살 수 있습니다. "격려한다. 고로 나는 존재한다." 그러면… 둘 다 웃으며 살 수 있습니다. 비판으로 세워진 사람보다 격려로 세워진 사람들이 훨씬 많습니다.

190

비행기 타면 큰 짐을 맡깁니다. 기내에서 누가 짐을 걱정합니까. 인생의 무거운 짐 내려놓으세요. 삶이 평안합니다. 어떻게 사냐구요? 밥 안 굶습니다. 그리고… 평안이 경쟁력입니다.

191

내가 별로 한 일이 없는데 결과가 너무 좋으면 눈을 크게 뜨세요. 누군가 나를 몰래 도왔거나 아니면 나를 사로잡으려고 덫을 놓은 것입니다.

192

내가 연못에 들어서는 순간 흙탕물이 일어납니다.
그 물 맑히겠다고 첨벙대고 다닐수록 물은 더 흐려집니다.
내가 잠잠히 서있기만 해도 물은 맑아질 텐데….
나 때문에 이 세상 더 혼탁해지지나 말아야 할 텐데….

193

"무청은 늙으면 시래기가 되고 사람은 늙으면 이알이가 됩니다."
이알이, 이치를 아는 사람입니다. 월요일인데… 웬만하면 선배한테 먼저 인사하고, 일부러 많이 물어보세요. 경험과 관계를 함께 얻습니다. 참, 이알이는 만든 말입니다. ^^

194

한눈에 남의 결점 보는 사람은 예리한 사람입니다. 보고 비판하는 사람은 똑똑한 사람입니다. 그냥 덮어주는 사람은 푸근한 사람입니다. 그 결점 보완해주는 사람은 지혜로운 사람입니다. 돕고도 말이 없으면 거룩한 사람입니다.

195

사람의 마음은 거울이 아니라 렌즈입니다. 오목한 데 비치면 열등감이 되고 볼록한 데 비치면 우월감이 됩니다. 영성 훈련… '렌즈 깎아 거울 만들기'입니다. 비치는 대로의 평상심이 깨달음인데… 거울은 만상에도 자유합니다.

196

지난 번 여행 중에 비행기 맨 뒷좌석 화장실 앞에 앉았습니다. 내릴 때 줄이 길어 앞 사람이 꼼짝도 않습니다. 그 순간 갑자기 비행기 뒷문이 열렸습니다. 맨 뒤에 있던 제가 제일 먼저 내렸습니다. 꼴찌도 때로는 큰 경쟁력입니다.

197

한 사람 때문에 많은 사람이 기뻐합니다. 한 사람 때문에 숱한 사람이 슬퍼합니다. 한 사람 때문에 그 사람들 목숨을 건집니다. 한 사람 때문에 여러 사람 목숨을 잃습니다. 그래서 한 사람이 중요합니다. 나는 어떤 한 사람인가요?

198

아들이 어릴 때 미니카에 빠졌습니다. 반드시 손에 쥐고 잠들었습니다. 그걸 놓게 하면 울었습니다. 언제 그 미니카를 버렸을까요? 진짜 자동차 핸들을 잡고 난 후입니다. 움켜쥐고 놓지 못하는 것 혹시 모조품 아닙니까?

199

그를 높인다고 내가 더 낮아지지 않으며,
나를 높인다고 그가 더 낮아지지 않습니다.
더구나… 나를 낮춘다고 결코 내가 더 낮아지지 않습니다.

200

결혼하고 싶은데 이토록 힘든 이유는…
모든 조건을 다 갖춘 사람이 없어서가 아니라
그런 사람은 나한테 좀처럼 오지 않기 때문입니다.
결혼… 나의 성취가 아니라 나의 포기입니다.

201

수많은 불평과 원망들은… 내가 나를 너무 높은 곳에 올려놓았기 때문입니다. 내려오고 낮아지면… 내면의 고요가 찾아옵니다.

202

강을 건너면 배는 버립니다. 고마워서 배를 지고 갑니까. 당신을 훌쩍 떠난 사람 있거든, 내 역할 다했거니… 여기세요. 복수는 무슨… 조용히 쉬세요.

203

내가 원하는 것을 가진 사람은 부러워하지만 내가 포기하지 못한 것을 포기한 사람은 존경합니다. 남들 다 원하는 것 한 가지만 포기해 보세요. 나 자신과 주변이 따뜻해질 겁니다.

야욕과 탐욕을 마음 가득히 담고 있으면 내가 나를 싫어하게 됩니다. 추한 욕심은 사람 안에 담기면 사람을 상하게 하기 때문입니다.

205

가장 위대한 사람은
가장 많은 업적을
남긴 사람이 아니라
가장 많이
용서한 사람입니다.

206

내가 이해할 수 있는 사람 아래서는 성장하고, 내가 이해할 수 없는 사람 아래서는 성숙합니다. 성장도 성숙도… 인내와 겸손의 열매입니다.

207

누군가를 보고 참을 수 없는 분노가 치밀어 오른다면 그 사람보다 내 안의 분노가 더 큰 문제입니다. 그 사람이 내게 먼저 분노를 드러내지 않았다면… 분노는 자칫 정의감보다 시기심입니다.

06

사랑은
사람이 하나님과 나눠 가진 성품이다

Love

자아, 가족, 희생, 건강

208

죽을힘을 다해 싸우면 둘 다 죽습니다.
죽을힘을 다해 사랑하면 둘 다 삽니다.

사랑하기로 마음먹었다면…
일백 번을 다시 살아도 사랑할 수 있습니다.
사랑하는 마음이 없으면…
약속 시간 한 번 어겨도 그것으로 끝입니다.
사랑 없어 떠나는 사람…
붙잡지 마세요.

210

웃음으로도 말하고 눈물로도 말합니다. 얼굴로도 말하고 몸짓으로도 말합니다. 삶으로도 말하고 죽음으로도 말합니다. 사랑하면 다 들리지만 무심하면 한 마디도 안 들립니다. 사랑은… 듣는 귀입니다.

MS는 윈도우가 OS입니다. APPLE은 MAC이 OS구요. 하나님의 OS는 사랑입니다. 그 형상 닮은 인간의 OS도 사랑입니다. 참된 부성도 모성도 그래서 사랑입니다. 그러나 부패한 인간의 OS는 권력입니다.

212

사랑한다고 말할 때는 정말로 사랑해야 합니다. 온 마음이 담길 때만 사랑입니다. 사랑이 참되지 않으면 아무것도 진실하지 않습니다. 진실하지 않으면… 헛사는 것입니다.

213

사랑하지 않으면서 사랑하라고 말하고, 겸손하지 않으면서 겸손하라고 가르치고, 앞서 가지 않으면서 나를 따르라고 명하니… 세상이 어지럽구나!

214

웃음을 본 적이 없는데 어떻게 웃습니까. 배려 받지 못했는데 누구를 배려합니까. 사랑 받지 않았는데 어떻게 사랑합니까. 할 수 있는 내가… 먼저 웃고, 먼저 배려하고, 먼저 사랑해야 할 이유입니다.

215

사랑하면 보이고 사랑하면 들립니다. 사랑은 내가 주고 싶은 것을 주는 것이 아니라, 그가 원하는 것을 주는 마음입니다. 그가 원하고 그의 필요를 아는데… 사랑하며 주지 않을 수는 없습니다.

216

사랑하면 글과 글 사이의 행간을 읽습니다. 사랑하면 말과 말 사이의 침묵을 듣습니다. 사랑하면 몸짓과 몸짓 사이의 마음을 봅니다. 사랑을 어찌 다… 글과 말과 몸짓으로 전하겠습니까.

217

시간이 지난다고 다 해결되지 않습니다. 참고 견뎌서 모두 해결되지 않습니다. 실력을 기른다고 전부 해결되지 않습니다. 사랑하지 않고… 뿌리째 해결되는 일은 없습니다.

218

사랑은 코드 맞추기입니다.
내가 아니라 당신이 기준입니다.
선물을 원하는데 빈말은 무슨 소용이며,
사랑의 고백을 원하는데 선물은 무슨 소용입니까.
사랑의 언어가 달라… 서로 알아듣지 못합니다.

219

결코 다 갚을 수 없는 빚이… 사랑입니다.
사랑은 내게 베푼 사람에게 그만큼 되갚기가 불가능한 일입니다.
그가 베푼 사랑은 그의 생명이고
내가 받은 사랑은 이미 내 생명이 되었기 때문입니다.

220

사랑하면 닮습니다.
미워해도 닮습니다.
닮고 싶다면 사랑하면서 기쁘게 닮는 편이 낫고,
결코 닮고 싶지 않다면 미워하지 않고 닮지 않는 편이
훨씬 낫습니다.

221

사랑한다고 말하기란 얼마나 쉬운지…
그러나 그 사랑을 증명하기란 얼마나 힘든지…
사랑은 입술로 한순간 말하고 일생 손발로 증명하는 삶입니다.

222

중독은 사랑의 결핍입니다. 폭력은 사랑의 갈증입니다. 음란은 사랑의 왜곡입니다. 사랑이 메말라 병들었는데 무엇으로 치유합니까? 사랑에 목말라 신음하는데 이 많은 물건이 무슨 소용입니까?

223

사랑은 내가 무엇을 줄 것인가를 생각하고, 권력은 내가 무엇을 얻을 것인가를 생각합니다. 사랑은 주고 잊어버리고, 권력은 주고 더 많은 것을 기대합니다.

사랑 없이 줄 수 있지만 주지 않고
사랑할 수는 없습니다.
그러나 주면서 제발 상처 주지 말고,
받으면서 제발 상처 받지 마세요.

225

사람은 실수하는 것이 정상이고 하나님은 용서하는 것이 정상입니다. 사랑은 실수하는 사람 용서하는 것이 정상이라는 깨달음입니다. 사랑은… 사람과 하나님이 나눠 가진 성품입니다.

226

중증장애아를 키우는 아버지가 종일 자랑합니다. "그 애가 TV를 제 손으로 켜려고 했어요." TV를 켠 것도 아니에요. 다만 켜고 싶다고 손가락으로 가리킨 거예요. 그러나 진정한 사랑은 그 의도와 시도를 보는 것만으로도 행복합니다.

큰 나무 밑에서는 작은 나무가 못 자랍니다.
그러나 큰 사람 곁에서는 더 큰 사람이 자랍니다.
청출어람의 사랑입니다.
사람의 성장과 성숙을 돕는 것보다 더 큰 사랑이 없습니다.
요즘 누구를 사랑하세요?

228

사랑은 거룩한 허비입니다. 사랑은 아름다운 비효율입니다. 사랑은 자발적인 남용입니다. 시간, 돈, 건강… 남아서가 아니라 부족해도 소중한 것을 드리는 마음입니다. 돌려받을 생각은 처음부터 없습니다.

229

남에게 잘 속지 않습니다. 나 자신에게 가장 잘 속습니다. 익숙한 것에 속고, 좋아하는 것에 속고, 편안한 것에 속습니다. 내가 내게 속으면… 나는 언제나 옳습니다.

답이 없는 것이 아니라 내가 아직 못 찾았습니다. 고난이 너무 큰 것이 아니라 내가 더 성장하지 못했습니다. 눈뜨고 볼 수 없는 사람이 아니라 내가 덜 성숙하기 때문입니다. 숱한 문제가… 내 문젭니다.

231

내가 벌었다고 내 돈이 아니고, 내 계좌에 있다고 내 돈이 아니고, 내가 쓴 것만이 내 돈입니다. 내가 생각했다고 내 생각이 아니고, 내가 책을 썼다고 내 생각이 아니고, 내가 살아낸 것만이 내 생각입니다.

232

내가 누군지를 모르는 세상에서 나를 찾는 것보다 위대한 발견이 없고, 나 아닌 사람을 만들고자 혼을 빼는 세상에서 나를 지키는 것보다 위대한 성취가 없습니다.

233

내가 말하는 이 말이 '참 나'가 아닙니다. 내가 쓰는 이 글이 '진정한 나'가 아닙니다. 내 삶이 된 말과 내 인격이 된 글만이 '진정한 나'입니다. '삶에 솔직히 반응한 나'만이 '진짜 나'입니다.

234

안다고 여겼다가 실패합니다. 안다고 생각했다가 배신당합니다. 안다고 믿었다가 제대로 알 기회를 놓칩니다. 가장 잘 안다고 여기는 나 자신조차 사실은 잘 몰라서… 괜찮은 줄 압니다.

부부 사랑… 어렵습니다. 아내는 보살핌이 사랑이고, 남편은 존경이 사랑이어서… 아내는 보살피라고 잔소리하고, 남편은 무시한다고 분노합니다. 달라서 사랑했는데… 달라서 다툽니다.

236

세상과 소통하느라 아내와의 소통을 잊지 말고, 무수한 웹과 앱 얘기 듣느라 아이들 얘기를 흘려듣지 말고, 수많은 사람들 메시지를 찾느라 소중한 사람들 메시지를 놓치지 말자!

237

나이 마흔 넘어서까지 듣기 싫은 소리 하는 사람은 내 생명의 은인입니다. 부모와 아내 말고 누구 다른 사람 있으세요?

238

할아버지, 할머니 사랑이 그립습니다. 그 품은 도피성입니다. 아버지, 어머니의 공권력이 무력한 곳입니다. 비난과 처벌, 두려움과 주지힘으로부터 자유로운 성역입니다. 그 사랑이 우리를 너그럽고 넉넉하게 했는데… 혹 계시면 문안드리세요.

239

모처럼 쉬고 있을 때 서로 잔소리 하지 마세요. 사랑은 '있는 모습 그대로 받아주기'입니다. 그 사랑 때문에, 그 인내 때문에, 그 절제 때문에 그 사람, 그 자녀가 언젠가 변합니다. 제 얘기가 잔소린가요?

240

죽음의 길은 큰길처럼 뻗어 있고 생명의 길은 오솔길 같습니다. 조급한 마음에 큰길로 나서지만, 신기하게도 사랑하는 사람과는 오솔길 걷기를 주저하지 않습니다. 오늘 사랑하는 사람과 고즈넉한 오솔길을 찾아보세요.

241

졸지 마세요. 제 아내가 가장 싫어하는 사람이 아내가 운전할 때 조는 남편입니다. 그래서 아내가 운전하면 가끔 손도 잡아 주고 초콜릿도 건네지요. 그런데 제 손이 따끈하면 눈치 챕니다. "여보, 잠깐 눈 붙이세요." 사랑은 가끔 하고 싶지 않은 말도 건네는 마음입니다.

242

당신 만나러 왔을 때와 헤어질 때 그 사람 얼굴이 달라졌나요? 그 사람 내게 올 때보다 갈 때 더 밝은 얼굴이 되기를 바라요. 할 말이 없어도 실컷 웃다가 헤어지세요. 농담 잘해야 본전이라고요? 아뇨. 내게 손해가 나도 그 사람 웃음은 본전 이상이에요.

243

열흘간 종합병원 중환자실을 지켜보니… 외과계는 회복해서 병실로 가는 분이 많고, 내과계는 시트에 덮여 안치실로 가는 분이 많아요. 속병이 외상보다 중병인가 봐요. 속병 더 조심하시고 건강한 것 감사하세요.

244

뇌졸중으로 쓰러진 장모님 곁을 함께 지키는 아내가 말합니다. "당신이 건강한 게 나를 가장 사랑하는 거예요." 사돈 병환 소식에 시골서 전화를 건 어머님 말씀도 그렇습니다 "내가 건강한 것 말고 너희들 도와줄 일이 없네." 건강하세요.

병원 중환자실 면회시간에는
사방에서 애타는 목소리가 들립니다.
"나야, 나 왔어. 제발 눈 좀 떠봐!"
사랑하는 이 눈길 한번 마주치기를 눈물로 절규합니다.
소중한 가족과 눈길 한번 더 나누고 주무세요.
서로 바라볼 수 있는 것도 감사합니다.

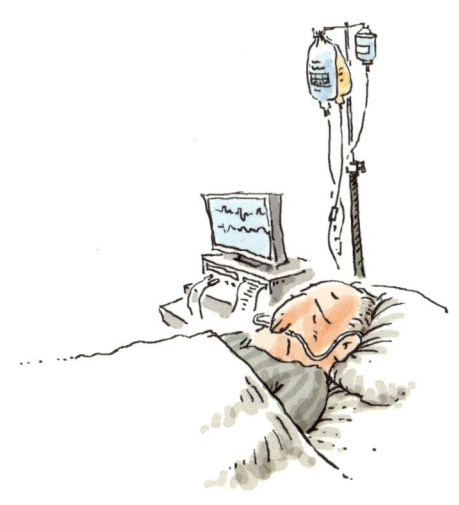

07

관계는
수용이다

Relationship

리더십, 공동체, 오해, 충고

246

관계가 고통스러운 까닭은…
신에게서만 찾을 수 있는 것을 인간에게서 찾기 때문입니다.
인간은 실수가 전공이고 부족이 특징입니다.

247

세상에 안 다투고 안 싸우는 곳은 없지만,
화해 안 하는 곳은 있습니다.
집이나 일터가 편하고 좋다면…
갈등이 없다는 말이 아니라 갈등을 해소할 줄 안다는 뜻입니다.

248

효율, 효율 하지만… 해묵은 갈등보다 더 큰 비효율이 없고, 신속한 화합보다 더 큰 효율이 없습니다.

249

고집과 믿음은 비슷해도 다릅니다. 고집은 생각에서 비롯된 편견이고, 믿음은 약속으로부터 시작된 관계입니다. 고집을 믿음이라고 여기면… 관계만 힘들어집니다.

250

대화는…
마음을 나누는 일입니다. 많은 사람과 많은 얘기를 나누어도 마음을 경청하지 않으면 텅 빈 독백이고, 혼자서도 내면의 음성을 경청하면 속이 찬 대화입니다. 나와 내가 못 나눈 마음을 누구와 나눕니까.

251

싸우고 분열하고 멸망하는 것이 적의 목표입니다. 적이 원하는 것은 오직 넘어뜨리고 깨뜨리고 파멸시키는 것입니다. 적이 원하는 것만 골라서 하는 사람들이 있으니… 망한 뒤에야 정체가 드러납니다.

252

목소리가 높다고 옳지 않습니다. 말이 많다고 진실하지 않습니다. 비판한다고 정의롭지 않습니다. 낮은 목소리로 몇 마디 하지 않아도 허물을 가려주고 용서하는 사랑이 때로 더 큰 정의입니다.

253

아는 것은 힘입니다. 모르는 것도 힘입니다. 그 두 힘이 부딪치면… 대개 모르는 편이 이깁니다. 모르면… 더 고집스럽기 때문입니다.

254

사람이 사람과 관계를 맺는 이유는 기대입니다. 하나님이 사람과 관계 맺는 목적은 수용입니다. 기대는 사람을 불안하게 하고 수용은 사람을 평안하게 합니다. 수용은 기대보다 더 큰 사랑입니다.

255

이기고 지는 데 무관심한 사람, 논쟁에도 자유로운 사람, 진리가 아니면 내 고집을 꺾을 수 있는 사람, 나를 향한 시선이 없어도 평안한 사람, 다른 사람과 비교하지 않는 사람… 복된 사람입니다.

256

남을 이겨야 직성이 풀리는 사람, 내가 결론을 내야 끝내는 사람, 내 기준에 모두를 굴복시키는 사람, 주목 받지 못하면 못 견디는 사람, 모든 사람과 모든 것을 비교하는 사람… 불쌍한 사람입니다.

갈등과 다툼은 옳고 그름보다 대부분 비뚤어진 성격과 모난 성품 때문입니다. 못된 성격은 남 못된 것을 못 견딥니다. 모난 성품은 다른 사람 모난 꼴을 못 참습니다. 부딪쳐서… 둘 다 깎이는 동안 주위 사람들도 힘듭니다.

258

내가 덕 좀 보자고 사람을 만나는데 무슨 진정한 연합이 있습니까? 내가 좀 손해를 보아도 좋다고 사람을 만나는데 무슨 대단한 갈등이 생깁니까? 화해와 갈등… 내 마음속에 이미 시작된 일입니다.

259

연결… 잘하면 생명줄이고 잘못하면 오랏줄입니다. 생명 얻고 생명이 풍성해지는 연결이 있고, 생명 빼앗고 생명 갉아먹는 연결이 있습니다. 연결… 죽고 사는 일입니다.

260

내가 볼 때 안전하지만 그 사람 눈에는 위험합니다. 위험을 보는 시각… 나와 다른 시각이지만 새겨들어야 합니다. 나와 다른 관점은… 이 세상에서 내가 외눈박이로 살지 않도록 하는 선물입니다.

261

서로 달라서 매력이었고 열정을 태웠는데… 살아 보니 그 다른 것이 지옥입니다. 그러나 끝까지 그 다름을 존중하면… 세상에 둘도 없는 조화입니다. 아무리 달라도 존중하면… 화합할 수 있습니다.

262

"헛되고 헛되니 모든 것이 헛되다." 다 누렸던 솔로몬의 회고입니다. 물안개 같고 들풀 같은 끝을 안다면 그렇게 작은 것, 그토록 하찮은 일로 다투겠어요. 웬만하면… 더운데 참으세요.

간식하는데…
먹어야 한다면서 자기는 안 먹는 사람,
말없이 그냥 먹는 사람,
먹는 것 신기한 듯이 쳐다보는 사람…
함께 어울려 살아야 하는 곳이 세상입니다.
뒤에서 흉보지 않고 같이 웃을 수만 있으면…
살 만한 세상입니다.

세상을 깨끗하게 하는 것은 몽둥이가 아니라 빗자루입니다.
몽둥이 휘두르면 사방에 선혈만 낭자하고…
빗자루로 내 주위만 쓸자…
오늘 하루만이라도
"그래, 쓸면서 투덜대지 말자!
쓰레기 버린 사람 욕하지 말자!"

265

한 팀인데 경기 중에 서로 비난하면 집니다. 가까운 사람, 함께하는 동료도 비난하면 집니다. 혼나야 마땅하지만 어깨 한번 두드려 주세요. 기회는 또 있다고…. 그 위로와 격려가 새 일을 이루고 기적을 만듭니다.

266

그 사람 입장이 되어보면 참아지고 부드러워지고 화가 나지 않고 시기하지 않습니다. 내 입장을 고집하는 것이 이기심입니다. 입장 바꿔보는 사랑은 그래서 결코 실패하지 않습니다. 그렇게 대하면 변할 것 같지 않던 그 사람이 변합니다. 하나님이 절 그렇게 대해 주셔서 제가 변했고 제가 제 아내를 그렇게 대했더니 아내가 변했고 제가 제 아들들을 그렇게 대했더니 두 아들이 변했습니다.

267

가까이하는 것에 물듭니다. 자주 만나는 사람 닮습니다. 누가 그래요. "제가 공부 잘해서 교수된 게 아니고 교수들 가까이 있다 교수가 되었습니다." 쇠가 쇠를 날카롭게 하듯 친구가 친구를 빚습니다.

268

사실 외딴 섬은 없습니다. 바다 속에 들어가면 모든 섬이 연결돼 있고 땅과 섬도 하납니다. 세상도 같습니다. 욕하고 이간하고 분열하는 일이 제 몸에 상처 내는 것임을 어찌 알겠어요. 우린 하나예요. 우리는 모두 연결된 존재예요. 생명의 근원인 창조주 안에서.

269

일생 여행 다니신 분의 고백입니다. "하도 다녀서 어디 갔다 왔는지 기억이 잘 안 나요. 그러나 누구와 다녔는지는 기억합니다. 그 사람을 기억하면 그 장소도 기억이 나요." 직장도 그래요. 일과 업적은 곧 잊혀도 관계는 오래 기억됩니다. 사람 잘 대해주세요.

제가 25년간 언론인 생활하는 동안 누가 저를 가장 많이 찾아왔을까요? 자기 자랑하러 오는 사람과 남의 험담하러 오는 사람이었습니다. 시간 지나보면 자랑도 거짓이요, 험담도 거짓입니다. 두루 사람 찾아다니는 사람과는 거리를 두세요.

271

두 눈 부릅뜨고 야단쳐서 변한 사람보다 한 눈 감아주고 보듬어서 변한 사람이 훨씬 더 많습니다. 혼내서 변한 사람… 변하기는 변했는데 더 독해졌을 뿐입니다.

272

알면 양보할 수 있습니다. 알면 져줄 수 있고 사과할 수 있습니다. 알면 그렇게 하는 것이 힘들지 않습니다. 정말 알면… 지난 일이 해석되고 앞일이 예측되기 때문입니다.

273

천사와 천적… 둘 다 하늘이 내린 사람입니다. 천사는 내 부족을 소리 없이 메워주고 천적은 내 모난 것을 깎아서 인격을 다듬어 줍니다.

274

서로 입맛과 식성이 달라 다행입니다. 서로 취미와 기호가 달라 다행입니다. 서로 재능과 생각이 달라 다행입니다. 달라서 넉넉한 공동체를 이룹니다. 그 조화가 이루는 기가 막힌 퍼즐… 짜증내지 말고 즐기세요.

275

위대한 사람은 그 일에 관해서 말하는 사람이 아니고, 그 일의 진실을 아는 사람도 아니고, 그 일이 알려진 대로 믿는 사람도 아닙니다. 위대한 사람은 실제로 그 일을 해내는 사람입니다.

276

안중에 사람이 없으면 어떻게 리더입니까. 매사 혼자 결정하면 어떻게 리더입니까. 뒤에서 나가 싸우라고 하면 어떻게 리더입니까. 책임은 피하고 상만 챙기면 어떻게 리더입니까. 리더… 손해 보는 자립니다.

277

나누어야 할 때 나누지 않으면 빼앗깁니다. 내려와야 할 때 내려오지 않으면 떨어집니다. 떠나야 할 때 떠나지 않으면 쫓겨납니다. 그때를 아는 것이 어렵고, 알아도 결단하기는 더 어렵습니다.

278

모두 듣고 싶은 대로 듣고 말하고 싶은 대로 말하더라도… 리더는 들어야 할 얘기를 들어야 하고 말해야 할 것을 말해야 합니다.

279

편을 가르는 리더가 있고 하나 되게 하는 리더가 있습니다. 편을 가르는 것보다 양편을 하나 되게 하는 것이 훨씬 힘든 일이기에 많은 리더가 편을 가르는 쪽을 택합니다. 피해는 양편 모두에게 돌아갑니다.

280

많은 사람이 작은 문제를 큰 문제로 만들기에… 크다는 문제를 작게 만드는 사람이 리더가 됩니다. 문제가 없다면 리더도 없고, 위기가 없다면 위대함도 없습니다.

281

많은 사람이 기회 속에서도 위험을 주목하기에… 기회를 놓칩니다. 리더는 위험 속에서도 기회에 집중하기에… 위험을 이깁니다. 리더는 늘 기회를 말합니다. 기회는 해결책의 다른 이름입니다.

282

리더의 큰 역할은 화합입니다. 그 사람 가는 곳마다 화해가 싹트면 진짜 리더고, 그 사람 있는 곳마다 다툼이 커지면… 무슨 소릴 해도 좋은 리더가 아닙니다.

283

당신이 리더인지 아닌지 어떻게 압니까? 문제를 보고 해결하겠다고 나서면… 직책이 무엇이건 당신이 리더이고, 문제를 보고 문제점만 지적하면… 직책이 무엇이건 리더는 아닙니다.

284

내가 문제를 보는 동안… 누군가 이미 문제 해결을 위해 움직이고 있습니다. 내 눈에 안 보이고 내 손에 안 잡혀도….

285

문제가 생길 때마다 문제를 말하는 사람은 문제를 더 엉키게 만듭니다. 문제는 말 안 하는 사람도 압니다. 내 눈에 문제가 먼저 보인 까닭은 내가 해결책을 먼저 생각하라는 사인입니다.

286

배로 남극 가는 길에 태풍을 만났습니다. 그때 뒷전에 있던 선장이 항해사로부터 키를 넘겨받아 바람 그칠 때까지 키를 잡았습니다. 우리는 인생의 태풍을 만날 때 누구에게 키를 넘겨줍니까? 내가 끝까지 붙드나요?

287

"난 별로 한 게 없다. 선수들이 잘해준 덕분이다. 남은 경기 대비가 더 시급하다." 허정무 감독은 진정한 리더입니다. 가장 큰 짐을 지고 죽도록 고생하고 승리의 순간 겸손합니다. 책임은 내가 지고 상급은 다른 이에게 돌리는 리더를 존경합니다.

288

늘 핑계를 찾지 말고 방법을 찾으세요. 하지 말아야 할 핑계도 수없이 많고 할 수 있는 방법도 의외로 많습니다. 이왕이면 방법을 찾으세요. 언젠가 그 방법 때문에 당신은 리더가 되어 있을 거예요.

289

남이 칭찬받는데 괜히 불편한 마음이 시기심이고, 남이 그 일 할 때 내 것 빼앗긴 느낌이 질투심입니다. 리더가 되겠다면… 제발 그 마음만은 버리세요.

290

인생에 바른 답이 없으면 제발 리더의 자리에 앉지 말고 리더인 것처럼 말하지 마세요. 자기 인생 복잡한 것도 모자라 세상까지 더 어지럽게 합니까? 잠잠한 것이 때로… 더 큰 헌신입니다.

291

분노가 치밀 때 격한 감정을 다스리는 것과 어렵고 힘든 상황을 묵묵히 헤쳐 나가는 것은 둘 다 절제이며 자기부인입니다. 자기를 부인하는 것은… 리더의 첫 걸음입니다.

292

서로 시기하고 서로 경쟁하고 서로 성공하려고 애쓰는 곳은 무슨 이름을 붙여도… 공동체가 아닙니다.

293

공동체는 도저히 함께 지낼 수 없는 사람과 함께 사는 곳이고, 그 모습 그대로 받아들이지 않고는 같이 살 수 없는 곳입니다. 그렇게 살다가 어느새 내가 변하는 곳입니다.

294

오해를 내가 풀면 변명이 되고 다른 사람이 풀면 동정이 되고 신이 풀면 신뢰가 됩니다. 오해… 그냥 두고 다른 일에 집중하세요. 살다가 오해 없기를 바라는 것도 큰 오햅니다.

295

충고… 귀하지만 어렵습니다. 들을 귀를 가진 사람에게는 필요가 없고, 귀를 막은 사람에게는 소용이 없습니다.

08

고난은
용기의 출발점이다

hardship

고난

296

두려움은 두려움 속으로 뛰어들어야 이깁니다. 고난은 고난 속으로 뛰어들어야 이깁니다. 죽음은 미리 죽고 다시 살아나야 이깁니다. 피하면 살 수는 있어도… 이길 수는 없습니다.

297

땀이 없는 소득은 독입니다. 고난이 없는 상은 수치입니다. 고통이 없는 병은 나병입니다.

고난은 해석되지 않으면 고난이고, 해석되면 축복입니다. 고난의 깊은 뜻을 모르면 피하고, 알면 스스로 뛰어듭니다.

299

독수리는 폭풍을 피하지 않습니다. 수많은 새들이 바위틈을 찾고 숲 속으로 숨어들 때 독수리는 폭풍 속으로 뛰어들어 폭풍 위로 날아오릅니다. 독수리에게… 폭풍은 내 힘으로 갈 수 없는 곳을 가게 하는 기회입니다.

300

건물은 지하의 깊이가 고층의 높이를 결정하고, 인생은 고생의 깊이가 인격의 높이를 결정하며, 민족은 고난의 깊이가 영광의 높이를 결정합니다. 우리의 고난은… 그냥 겪고 마는 것이 아닙니다.

301

행운이 오히려 시련이 되고 고난이 도리어 복이 되는 세상을 살아가면서, 행운에도 교만하지 않고 불운에도 낙심하지 않는다면… 그는 이미 섭리의 파도타기를 즐기는 사람입니다.

302

《닉 부이치치의 허그》를 보면… 그는 손이 없지만 희망을 붙잡았습니다. 팔이 없지만 한계를 껴안았습니다. 발이 없지만 두려움 속을 걸었습니다. 그는 두려움이 사라질 때까지 기다리지 않고 두려움 속으로 뛰어들어 두려움을 이겼습니다. 아! 사지 멀쩡한 우리는….

303

다윗의 가장 큰 행운은 골리앗을 만난 이후에 시작되었고, 다윗의 가장 큰 시련은 골리앗을 이긴 뒤에 시작되었습니다.

304

애쓰고 수고하고 땀 흘려도 잘 되지 않을 수 있습니다. 그러나 애쓰지 않고 노력하지 않고 땀 흘리지 않고 잘 되는 것은… 잘 되는 것이 아닙니다. 바람처럼 날아갈 성공은… 성공이 아닙니다.

305

누군가… 태풍이 불면 나무 위에 올라가 몸을 묶고 바람을 맞습니다. 늘 잔잔하던 자연의 포효가 얼마나 위대한지 그리고 그 자연 앞에 선 나는 얼마나 작은 존재인지를 느끼기 위해서….

306

대양을 항해하다 태풍을 만나면 배는 죽을힘을 다해 제자리에 머뭅니다. 태풍은 정면으로 마주하는 것도 피하는 것도 위험합니다. 우현 15도쯤 비껴 반 속력으로 바람 잘 때를 기다립니다. 인생의 태풍을 만나면 어떻게 하지요?

307

"생선이 소금에 절임 당하고, 얼음에 냉장 당하는 고통이 없다면 썩는 길밖에 없다" 정채봉 선생은 고통을 달라고 기도했습니다. 고통은 방부제입니다. 고통은 경보기입니다. 고통은 선물입니다. 고통은… 생명의 사인(sign)입니다.

308

비범한 사람을 부러워 말고, 비범한 고난을 두려워 마세요. 그 사람이 거기까지 간 것은 내가 피한 고난을 끝까지 견뎌냈기 때문입니다.

309

바다에 적조가 번질 때는 태풍이 제일입니다. 바닷물 아래 위를 뒤섞어 순식간에 적조를 걷어갑니다. 인생의 적조 때도 같습니다. 태풍 속에 죽을 것 같지만 인생 적조를 한순간에 걷어갑니다. 큰 고난이 때로 큰 축복입니다.

310

우리가 보아야 할 것은 부와 성공보다 가난과 실패에도 굴하지 않는 인간의 희망과 의지입니다. 우리가 보고 싶은 것은 승리 자체보다 두려워하지 않고 좌절하지 않는 당당함, 패배에서 다시 일어서는 불굴의 의지입니다. 아! 대한민국!

09

돈보다
사람이 크다

Money

돈, 교만, 권위

311

사람은 돈을 원하고, 돈은 영혼을 원합니다.
돈은… 거의 신입니다.

312

기쁨으로 쓰는 돈은… 돈이 아니라 마음입니다. 감동으로 드린 돈은… 돈이 아니라 생명입니다.

313

돈 있고 사람 있고 능력 있고 조직 있으면 누가 일을 못합니까. 열정과 비전은 아무것도 없지만… 시작할 수 있습니다.

314

돈이라면 못할 일이 없습니다. 권력이라면 못할 일이 없습니다. 인기라면 못할 일이 없습니다. 이 세상에 눈이 멀면… 이 세상에서 아무것도 못할 일이 없습니다.

315

돈을 버는 사람과는 동업자가 되고, 돈을 이긴 사람과는 친구가 됩니다.

316

세상의 돈 70%는 컴퓨터에 들어 있습니다. 숫자로만 존재하는 그 돈에 얼마나 많은 사람이 목숨을 거는지… 돈에 사로잡힐 것인가 아니면 돈을 사로잡을 것인가… 그것이 문제입니다.

317

돈이 많아 악한 것이 아니고 가난해서 선하지 않습니다. 욕심 부리면 가난도 악이고 욕심을 버리면 부요도 선입니다. 욕심 없는 돈은 사람을 살리고 욕심 많은 돈은 사람을 죽입니다.

318

인류 역사의 큰 줄기는 슬프게도… 결코 소유할 수 없는 것의 소유를 위해 목숨 걸었다가 목숨 잃은 인간의 발자취입니다.

319

돈보다 사람이 큽니다. 돈 작게 여기고 사람 크게 생각하세요. 돈은 무시해도 찾아오지만 사람은 무시하면 떠납니다. 돈은 크게 생각할수록 돈에 묶이고 사람은 작게 대할수록 발목 묶입니다. 돈 사랑은 악의 뿌리고 사람 사랑은 선의 뿌립니다.

320

돈 많이 버세요. 그러나 좋은 사람 먼저 만나세요. 좋은 사람 만나면 좋은 사업이 되고 안 좋은 사람 만나면 좋은 사업도 소용없습니다. 뒷날 배신으로 병 생깁니다.

321

프로는 돈 때문에 시작해 돈을 이기고, 아마는 돈과 상관없다면서 돈에 집니다. 아마는 넘어지면 좀처럼 못 일어서는데, 프로는 넘어져도 금새 일어납니다. 아마는 속여도 봐주지만 프로는 퇴장입니다. 영성은 프로정신입니다. 프로처럼 일하세요.

"이 세상 모든 문제들은
스스로 중요한 사람이 되기를 바라는
사람들이 일으키는 것입니다."

_ T.S. 엘리엇

323

힘이 좀 생기면 생각이 달라지고
말씨가 이상하고 얼굴이 거만하고
태도가 돌변하니…
힘이 잘못입니까, 사람이 잘못입니까.

324

교만한 줄 모르는 것이 교만의 시작이고, 겸손을 가장하는 것이 교만의 성장이며, 스스로 겸손한 줄 아는 것이 교만의 성숙입니다. 겸손은… 꾸밈없는 삶입니다.

325

"죽으면 죽으리라." 자살이 아닙니다. 미리 죽는 결단이며 죽기 전에 죽는 경험입니다. 미리 죽는 죽음은 진정한 용기입니다. 두렵지 않고 평안하며 새 힘이 납니다. 죽고도 살았으니 늘 감사합니다. 이미 죽었으니 교만할 일도 없습니다.

326

남이 나를 높인 것이 권위가 되고, 내가 나를 높인 것이 권위주의가 됩니다. 권위는 신뢰를 낳고 권위주의는 불신을 낳으니… 권위는 세워져야 하고, 권위주의는 무너져야 합니다.

327

나를 돌아보고 나를 나무라는 사람은… 다른 사람을 살피고 다른 사람을 나무랄 시간이 부족합니다.

10

비전은
생명이다

Vision

꿈, 열정, 소명, 습관, 승패

328

쇠가 죽는 길은 두 갈랩니다.
녹슬어서 죽는 길과 닳아서 죽는 길입니다.

329

비전이 없고 감동이 없고 고난이 없고 인격이 없는 성공은… 재앙의 시작입니다.

330

10년 지나서도 이 일이 여전히 중요하다면 지금 시작하세요.
10년 후에는 기억조차 없을 일이라면 다시 생각하세요.

331

사람에게 충성할 수 있습니다. 조직에 충성할 수 있습니다. 목표에도 충성할 수 있습니다. 그러나 진정한 충성은 비전을 따르는 삶입니다.

332

꿈꿀 수 있는 일은 가능한 일입니다. 그러나 꿈이 현실을 향해 건너야 할 강은 늘… 땀과 눈물과 피의 강입니다.

333

밥 한 끼만 걸러도 짜증이 납니다. 모욕을 당하면 분노가 폭발합니다. 조금만 힘들어도 불평이 시작됩니다. 내겐 관대하고 다른 이에겐 날이 서 있습니다. 그런 사람은 비전을 손에 쥐어 주어도 놓칩니다.

334

코이라는 물고기는 어항에서 5센티, 연못에서 20센티, 강물에서는 1미터까지 자랍니다. 코이는 어떤 물에서 살지 선택할 수 없지만 사람은 선택할 수 있습니다. 꿈은 사람이 선택하는 환경입니다.

335

비행기 탈 때마다 이륙 후 구름을 벗어나는 순간을 기다립니다. 온갖 모양의 구름 위로 솟아오르기만 하면 눈부신 태양이 빛납니다. 짧은 노선은 가끔… 구름 아래 낮게 나는 것으로 끝입니다. 비전은 구름 위… 태양을 봅니다.

336

생각이 깊어지면 꿈을 꿉니다. 몰입하면 꿈을 꿉니다. 꿈을 꾸면 언젠가 이뤄집니다. 그러나 꿈이 이뤄졌을 때… 나와 너 그리고 우리 모두가 행복해야 꿈다운 꿈입니다.

337

누군가 돕고 싶으세요? 꿈을 꾸도록 도우세요. 열정을 품도록 도와주세요. 꺼지지 않는 불을 가슴에 지펴주세요. 영원한 것에 대한 갈망을 심어 주세요. 가장 큰 도움이고 가장 귀한 섬김입니다.

338

꿈은 미래를 현재 속에 창조하는 힘이고, 믿음은 미래를 현재 속에 사는 힘입니다. 꿈과 믿음… 미래를 현재로 걸어가는 두 발입니다.

339

성공은 목표까지 능력을 끌어올린 결과이고, 실패는 능력에 맞춰 목표를 낮춘 결과입니다. 목표가 흔들리지 않으면… 능력이 늘 목표를 따라갑니다.

340

차는 달려야 하고 비행기는 날아야 합니다.
원래 그렇게 만들어졌습니다.
사람은 자유롭게 비상해야 합니다.
사람은 원래 하나님처럼 살도록 지어졌습니다.
올해… 아름다운 뜻을 품고 훨훨 나세요.

341

전심을 다하면… 일이 이뤄져도 좋고 이뤄지지 않아도 좋습니다.
전심을 다하지 않으면… 일이 이뤄져도 기쁨이 없고 이뤄지지 않으면 우울합니다.

342

최선을 다하는 것 중요합니다. 최선을 택하는 것은 더 중요합니다. 전자는 내가 온 힘을 다하는 것이고, 후자는 전능자의 손을 붙잡는 것입니다. 최선을 택하고 최선을 다하면 결과에 자유합니다.

343

"늦추라! 조금 더 늦추라! 내가 안 해도 될 이유, 내가 할 수 없는 이유를 찾고 또 찾으라." 그러면… 어느 날 다른 사람이 그 일을 시작합니다. 이제… 그 사람 비판하고 그 일 비난하는 것이 내 일이 됩니다.

344

이상한 열정의 사람이 정상적인 사람을 이끌어 갑니다. 뜨거운 신념이 미지근한 생각을 사로잡습니다. 아무 신념, 아무 열정이나 따라 나서지 마세요. 묘지에는 정신없이 따라 갔다가 어이 없이 인생 마친 사람들로 가득합니다.

바람 없는 바다에서 능숙한 항해사가 될 수는 없습니다. 파도 없는 호수에서 뛰어난 서퍼가 될 수는 없습니다. 바람 불고 파도 치는 곳을 찾아가서 뛰어들지 않으면… 그런 사람이 될 수 없습니다.

346

할 수 없는 이유는 수없이 많지만 할 수 있는 이유는 단 한 가지입니다. 당신이 하기로 결정했기 때문입니다. 당신이 결정하면… 온 세상이 그 결정을 따라 움직입니다.

347

내 삶에 스스로 한계를 설정하면 나는 날마다 도망갈 수 있습니다. 그러나 내 삶의 한계를 인정하지 않으면 날마다 도전할 수 있습니다. 날마다 어딘가로 도망갑니까 아니면 새로운 일에 도전합니까?

당신이 되고 싶은 사람이 되기 위해서는… 하고 싶지 않은 일을 해야 하고, 듣고 싶지 않은 말을 들어야 하고, 만나고 싶지 않은 사람을 만나야 합니다. 원치 않는 일을 하지 않고 진정 원하는 일을 하는 사람은 없습니다.

349

반드시 있어야 할 사람이 아니면 차라리 쫓겨나세요. 있어도 그만 없어도 그만이면 물건도 귀찮아요. 차든지 뜨겁든지 하세요. 미지근한 것이 화근입니다.

350

기회를 기다리는 사람보다 기회를 만드는 사람이 늘 더 많은 기회를 갖습니다. 모든 기회는 선택이어서… 기회를 만드는 선택이 언제나 더 많은 선택의 기회를 주기 때문입니다.

351

부를 소(召), 목숨 명(命)… 소명은 목숨을 요구하는 일입니다. 부릴 사(使), 목숨 명(命)… 사명은 목숨을 쓰는 일입니다. 할 만한 가치가 있고, 해야 할 의미가 있는 일이면 무슨 일이건… 목숨을 거는 일입니다.

352

당신은 소중한 일을 합니다. 당신만이 할 수 있는 일입니다. 당신이 하는 일 덕분에 살 만한 세상입니다. 그 일… 그렇게 만드는 것이 당신에게 맡겨진 소명입니다.

353

이 일 내가 반드시 해야 하나? 왜 꼭 지금 해야 하나? 왜 이런 일을 하고 살아야 하나? 그 생각에 더 많은 시간을 보낸다면 지금 하고 있는 일도 내 손을 떠납니다. 그리고… 더 중요한 일은 내게 오지 않습니다.

354

여기 길이 없다면 당신이 새 길을 내라는 뜻입니다. 지금 희망이 없다면 당신이 희망의 메시지가 되라는 사인(sign)입니다. 이 시대가 요구하는 인물이 없다면 당신이 인물 되라는 부름입니다.

355

그 일 왜, 누구 때문에 하세요?
얼굴이 떠오르면 그 사람 때문이고
얼굴이 떠오르지 않으면 나를 위한 일입니다.
나를 위해서도 열심히 일하세요.
단 기쁨이 오래 가지 않습니다.
떠오르는 그 얼굴 두려워 일하면 조심하세요.
병 납니다.

356

돈 안 받고 하는 일이 있습니까. 그 일에 기쁨이 있습니까. 그러면 그 일 계속하세요. 그 일이 당신 영성의 수원지입니다.

357

아무리 뛰어난 선수에게도 코치가 있습니다. 아무리 위대한 사람에게도 멘토가 있습니다. 그들은 내가 듣고 싶지 않은 말을 들려주고, 보고 싶지 않은 내 모습을 보여주고, 내가 원치 않은 일을 하게 합니다.

358

습관은 우리를 사로잡을 때까지 결코 그 모습을 드러내지 않습니다. 습관은 우리를 바꾸어 놓을 때까지 결코 그 본색을 드러내지 않습니다. 습관은 나를 나 되게 하는 바로 그 힘입니다.

359

일찍 일어나는 것도 습관이고 늦게 자는 것도 습관입니다. 칭찬하는 것도 버릇이고 비난하는 것도 버릇입니다. 가능성을 찾는 것도 훈련이고 불가능을 보는 것도 훈련입니다. 그 습관, 버릇, 훈련이 곧 기회입니다.

포기하지 않는 사람… 못 이깁니다.
돈 필요 없다는 사람… 못 이깁니다.
죽어도 좋다는 사람… 못 이깁니다.
꺾이지 않는 의지는…
이미 승패를 넘었습니다.

361

옳은 방법으로 실패하는 것은 실패가 아니라 성공입니다. 그릇된 방법으로 성공하는 것은 성공이 아니라 실패입니다. 어떻게 압니까? 더 지나보면 알고 더 살아보면 알고… 역사가 압니다.

362

포기하지 않으면… 실패는 과정입니다. 경험입니다. 자산입니다. 인생에 실패할 수 있는 단 한 가지 방법은… 포기입니다.

363

성공만이 인생의 열매가 아닙니다. 실패도 열매고 허비한 것만 같은 시간들도 다 열매입니다. 돌이켜보면 그 열매들이 열렸다 떨어진 자리… 크고 아름다운 열매는 끝물에 열린 것뿐입니다.

364

꿈을 좇으면서 게으를 수 없고,
목표를 향해 달리면서 방향을 바꿀 수 없고,
생명을 소중히 여기면서 시간을 허비할 수 없습니다.

365

꿈의 사람…
고난 속에서도 고난에 무릎 꿇지 않습니다.

열정의 사람…
사람들 속에서도 사람들 시선에 묶이지 않습니다.

비전의 사람…
세상 속에서도 세상에 굴복하지 않습니다.

조정민(@ChungMinCho)의
twitter 잠언록
사람이 선물이다

지은이 | 조정민
초판 발행 | 2025. 11. 05
등록번호 | 제 1988-000080호
등록된 곳 | 서울특별시 용산구 서빙고로 65길 38
발행처 | 사단법인 두란노서원
영업부 | 2078-3333   FAX 080-749-3705
출판부 | 2078-3477

책 값은 뒤표지에 있습니다.
ISBN 978-89-531-5204-5 03230

편집부에서 독자의 의견을 기다립니다.
tpress@duranno.com   http://www.Duranno.com

두란노서원은 바울 사도가 3차 전도여행 때 에베소에서 성령 받은 제자들을 따로 세워 하나님의 말씀으로 양육하던 장소입니다. 사도행전 19장 8-20절의 정신에 따라 첫째 목회자를 돕는 사역과 평신도를 훈련시키는 사역, 둘째 세계선교(TIM)와 문서선교(단행본·잡지) 사역, 셋째 예수문화 및 경배와 찬양 사역, 그리고 가정·상담 사역 등을 감당하고 있습니다. 1980년 12월 22일에 창립된 두란노서원은 주님 오실 때까지 이 사역들을 계속할 것입니다.